Was Christen glauben

den Kindern erklärt

von Georg Schwikart

mit Illustrationen von Sven Leberer

Butzon & Bercker

Wusstest du ...

... was das Wort „Religion“ bedeutet? Es kommt vom lateinischen Wort „religio“ und das heißt Ehrfurcht und Gottesfurcht.

Wir Christen sind glaubende Menschen

Der Nachbar betrachtet die Wolken und vermutet: „Ich glaube, es wird heute regnen.“ „Ich glaube, sie ist einkaufen gegangen“, sagt der Mann, als am Telefon seine Frau verlangt wird. Das Mädchen meint: „Ich glaube, das wird eine Fünf“, nachdem es die Klassenarbeit abgegeben hat. Dieses „Glauben“ bedeutet, etwas nicht genau wissen, etwas für möglich halten, etwas annehmen.

Aber es gibt noch eine stärkere Art zu glauben: Wenn ein Mensch zum Beispiel seine Unschuld beteuert und der andere sagt: „Ich glaube dir.“ Wenn schwere Probleme zu bewältigen sind und man innerlich spürt: „Ich glaube, alles wird gut.“ Wenn jemand sich fragt, ob seine Freunde ihm helfen, und überzeugt ist: „Ich glaube, sie halten zu mir.“ Dieses „Glauben“ heißt: vertrauen. Auf diese Weise glauben religiöse Menschen.

Es gibt vielerlei Möglichkeiten, religiös zu sein. Einige Religionen gibt es längst nicht mehr, etwa die der Ägypter, Griechen und Römer, der Kelten, Germanen oder Inkas.

Manche Religionen gibt es nur bei einzelnen Völkern oder in bestimmten Gegenden dieser Erde, zum Beispiel bei den Ureinwohnern in Australien.

Fünf Religionen nennt man „Weltreligionen", weil ihnen Menschen auf der ganzen Welt angehören: das Judentum, das Christentum, den Islam, den Hinduismus und den Buddhismus. Das Christentum ist mit rund 2,2 Milliarden Gläubigen die größte dieser Weltreligionen. Was wir Christen glauben, davon möchte dieses Buch erzählen.

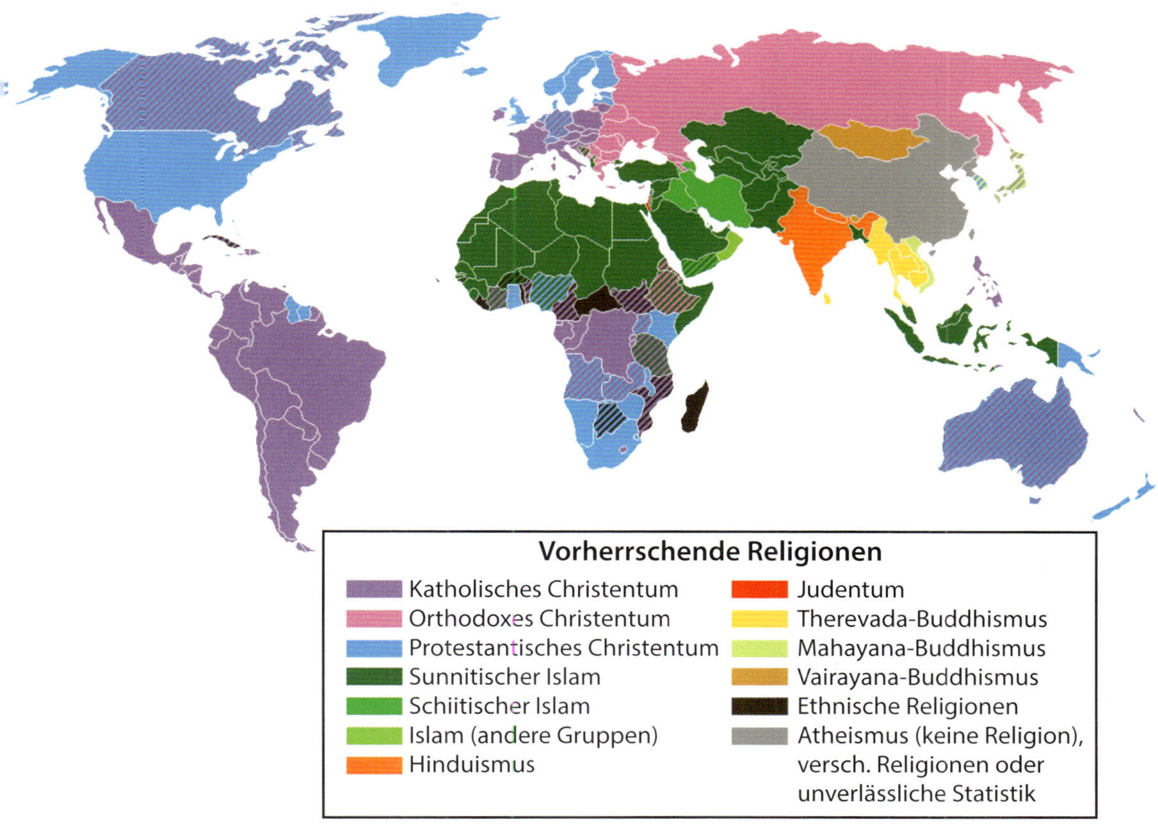

Wir Christen glauben an Gott

Lies nach!

Im Alten Testament, im Buch Exodus, Kapitel 3, Vers 14 wird erzählt, wie Gott zu Mose gesprochen und ihm seinen Namen genannt hat. Gott sagt: „Ich bin der ‚Ich-bin-da‘“. In diesem Namen steckt eine große Zusage an die Menschen: Sie sind nie allein, immer ist Gott bei ihnen.

Gott kann man nicht sehen.
Doch man kann sehen, was er erschaffen hat.
Gott ist kein Mensch.
Doch wie sollen wir von ihm anders sprechen als mit menschlichen Vergleichen?
Deswegen sagen wir: Gott hat ein Herz für uns.
Er begleitet uns, ganz gleich, wohin wir gehen.
Er spricht zu uns durch Zeichen, durch die Bibel, durch Menschen.
Christen sprechen in Bildern von Gott:
Wie ein guter Vater sorgt er für seine Kinder. Wie eine liebevolle Mutter schenkt Gott Geborgenheit. Wie ein Hirte sich um seine Schafe kümmert, so ist Gott für die Menschen da.

Christen loben Gott:
„Gott ist ewig!“ – ohne Anfang und Ende.
„Gott ist allmächtig!“ – Gott kann und weiß alles, ist überall anwesend und kennt jedes Schicksal.
„Gott ist heilig!“ – Gott ist anders als alles andere, er macht alles heil.
Christen bekennen: „Gott ist größer als wir!“
Doch vor dem großen Gott brauchen wir uns nicht zu fürchten.
Wir können an Gott glauben – ihm vertrauen.

Lied

Gottes Liebe ist so wunderbar,
so wunderbar groß!
So hoch, was kann höher sein?
So tief, was kann tiefer sein?
So weit, was kann weiter sein?
So wunderbar groß.
(Verfasser unbekannt)

Wir Christen lieben Jesus

Jesus von Nazaret war ein Mensch, der vor etwa 2 000 Jahren in Israel lebte.
Er war Jude und kam in einem Stall zur Welt, als seine Eltern Maria und Josef nach Bethlehem unterwegs waren.
Er sprach anders über Gott, als man es damals gewohnt war. Jesus nannte Gott seinen Vater.
Er zog durchs Land, von Dorf zu Dorf und von Stadt zu Stadt, und zeigte durch alles, was er sprach und tat: Gott liebt die Menschen wie ein Vater seine Kinder.

Manchen einflussreichen Leuten gefiel nicht, wie Jesus redete und handelte. Sie warfen ihm vor, er dürfe nicht so von Gott sprechen, wie er es tat. Sie beschuldigten ihn, er wolle die Ordnung umstürzen. Diese Leute sorgten dafür, dass Jesus hingerichtet wurde:

Die Arme an einem Kreuz ausgebreitet, die Hände und Füße an das Holz genagelt, musste Jesus sterben. Man legte ihn in eine Höhle.
Das war sein Grab.
Doch als einige Frauen zwei Tage später seinen Leichnam einbalsamieren wollten, war das Grab leer. Der Tote war aber nicht fortgeschafft oder gestohlen worden.
Ein Engel sagte zu den Frauen: „Habt keine Angst! Gott hat Jesus zu neuem Leben erweckt.
Er ist auferstanden von den Toten!"

Daran glauben wir Christen, darauf vertrauen wir: Jesus ist nicht vergebens gestorben. Gott hat aus seinem Ende einen neuen Anfang gemacht.

Jesus lebt –
hier und jetzt!

Wusstet du …

Für Jesus gibt es viele Titel, die alle zeigen, dass er für die Christen nicht irgendein Mensch ist. Er ist der Sohn Gottes, der Messias (d. h. der Gesalbte), der Retter, der Heiland. Er selbst sagt von sich: „Ich bin der Weg und die Wahrheit und das Leben" (Johannesevangelium, Kapitel 14, Vers 6).

Wir Christen hoffen auf den Heiligen Geist

Lies nach!

Das zweite Kapitel der Apostelgeschichte im Neuen Testament erzählt vom Wirken des Heiligen Geistes, vom sogenannten Pfingstereignis. Lies doch einmal nach und achte darauf, in welchen Bildern der Heilige Geist beschrieben wird.

Die Kraft, die von Gott ausgeht, ist der Heilige Geist. Dieser Geist rührt Menschen an und verändert sie. Dieser Geist macht sie fähig, aus ihrem Glauben heraus zu leben.
Vor seinem Tod versprach Jesus seinen Freunden den Heiligen Geist: Der Heilige Geist werde sie trösten, wenn Jesus nicht mehr bei ihnen ist.
Der Heilige Geist werde ihnen Mut und Kraft geben, das zu sagen und zu tun, was Jesus ihnen aufgetragen hat.

Gott will uns Wertvolles schenken, nämlich die Gaben des Heiligen Geistes. Sie sind nicht zu greifen, sie sind unsichtbar, und doch können wir sie in unserem Leben erfahrbar machen:
Der Geist Gottes wirkt in uns, wenn alle so sein dürfen, wie sie sind, wenn sich alle bemühen, miteinander auszukommen, und bewundernd feststellen, dass jeder Mensch einzigartig ist. Der Heilige Geist führt uns Christen zu einer großen Gemeinschaft zusammen.
Niemand kann den Geist Gottes für sich allein besitzen.
Niemand kann sagen: Nur ich habe den Geist Gottes!

Der Geist Gottes weht, wo er will.
Der Heilige Geist bewegt die Herzen der Menschen, wenn sie Gott vertrauen.
Wo der Geist Gottes ist, da kann man glücklich leben.
Deswegen beten wir:
Komm zu uns, Heiliger Geist!

Wir Christen lesen die Bibel

Wusstet du …

Es gibt ganz viele verschiedene Ausgaben der Bibel: Bibeln für den Gottesdienst und Bibeln für zu Hause, große und ganz kleine, die in jede Tasche passen. Außerdem gibt es besondere Bibeln für Kinder, in denen ausgesuchte Geschichten besonders gut verständlich übersetzt sind.

Die Bibel ist ein sehr altes Buch – aber für die Christen kein altmodisches. Denn die Bibel erzählt Geschichten von Gott: Sie beginnt mit dem Anfang der Welt, als Gott alles erschuf. Sie schließt mit dem Ende der Welt, wenn Gott alles neu machen wird. Wir lesen, welche Erfahrungen Menschen mit Gott gemacht haben.

In der Bibel finden wir die Evangelien. Das Wort „Evangelium" bedeutet: Gute Nachricht. Diese Gute Nachricht berichtet von Jesus Christus: wie er geboren wurde, wie er lebte, wie er starb und von den Toten auferstand.

Die verschiedenen Bücher der Bibel sammelte man über den langen Zeitraum von rund tausend Jahren hinweg. Dann wurde aus den vielen Büchern ein Buch.

Wusstet du …

Bücher waren früher etwas sehr Seltenes und Kostbares, denn bevor der Buchdruck erfunden wurde, mussten sie von Hand geschrieben werden. Im Mittelalter haben das Abschreiben der Bibel die Mönche in den Klöstern übernommen. Sie haben oft mehrere Jahre an einer einzigen Abschrift gesessen.

Die Bibel hat mit unserem Leben zu tun

Mach mit!

Nimm dir Zeit, in Ruhe in der Bibel zu lesen. Am besten nimmst du eine Kinderbibel zur Hand und suchst dir eine Geschichte aus, die dich interessiert. Vielleicht magst du dazu nachher etwas spielen oder malen, dann wird dir die Geschichte gut in Erinnerung bleiben.

Viele Menschen haben an den Büchern der Bibel mitgeschrieben. Und obwohl es Menschen waren, die die Bibel schrieben, nennen die Christen sie ehrfürchtig „Heilige Schrift". Denn Gott kommt zu Wort in den Wörtern der Menschen.

Wer Gott kennenlernen will, der lese die Bibel.
In unseren christlichen Gottesdiensten wird aus der Bibel vorgetragen.
Viele Menschen lesen jeden Tag zu Hause in der Heiligen Schrift. Dabei gibt es ganz viel Verschiedenes zu entdecken: Geschichten über das Leben der Menschen mit Gott, Gedichte, Lieder und Sprüche. Außerdem wird viel über das Leben Jesu und seiner Jünger erzählt, aber auch darüber, wie die ersten Christen lebten, was ihnen wichtig war und worüber sie sich Gedanken gemacht haben.

Nicht jeden Satz der Bibel kann man sofort verstehen. Aber vieles leuchtet gleich ein. Wer sich auf das Lesen der Bibel einlässt, der spürt:
Die Bibel ist zwar ein altes Buch, aber sie ist immer noch aktuell. Sie erzählt, was früher einmal geschah, aber das hat heute mit uns zu tun.

Wir Christen bilden die Kirche

Wusstet du …

In manchen Ländern leben sehr viele Christen, dort spielt die Kirche eine wichtige Rolle im Alltag der Menschen. In anderen Ländern bilden die Christen eine Minderheit; dort gehören die meisten Leute einer anderen oder auch keiner Religion an.
In manchen Ländern wird die Kirche sogar verfolgt; dort benachteiligt man die Christen, unterdrückt sie oder sperrt sie sogar ins Gefängnis.

Kirche – damit meinen die Christen die Gemeinschaft aller Glaubenden.
Denn Christ kann man nicht für sich allein sein. Christen brauchen den Austausch und das Miteinander.
Durch die Taufe wird man nicht nur Mitglied, sondern ein Teil der Kirche.
Die Kirche ist wie eine große Familie: Alle sind miteinander verwandt, auch wenn man sich nicht mit jedem gleich gut versteht.
Zur Kirche gehören Menschen auf der ganzen Welt, denn überall gibt es Christen.

Wie in jeder Familie gibt es in der Kirche auch manchmal Streit. Der Streit in der Kirche führte durch die Jahrhunderte zu Spaltungen.
Aus der einen Kirche entwickelten sich mehrere verschiedene Kirchen.
Diese werden „Konfessionen" genannt, das heißt: „Bekenntnisse". Die drei größten sind die katholische, die orthodoxe und die evangelische Konfession. Zu den kleineren gehören die Freikirchen, die Baptisten, die Anglikaner, die Heilsarmee, die Quäker, die Kopten, die Methodisten, die Mennoniten und noch einige andere.

Heute wollen wir Christen die Spaltungen überwinden und wieder zusammenfinden.
Denn uns verbindet doch mehr, als uns trennt: der Glaube an Gott, den Vater, den Sohn und den Heiligen Geist. Dieses Bemühen, gemeinsam zu glauben, nennt man „Ökumene".

Wusstet du …

Auch wenn es in der Geschichte der Kirche Streit und Spaltungen gab, sind doch alle christlichen Konfessionen im Glauben an Gott vereint. Sie können das Apostolische Glaubensbekenntnis und das sogenannte Glaubensbekenntnis von Nizäa und Konstantinopel gemeinsam sprechen, das den Glauben an Gott, den Vater, an Jesus Christus, seinen Sohn, und an den Heiligen Geist bekennt.

Wir Christen bauen Gott ein Haus

Kirche – das ist die Gemeinschaft aller Christen. Kirche nennen wir aber auch ein Haus, das für Gott gebaut wurde.
Es gibt ganz verschiedene Kirchen:
große Dome und kleine Kapellen, alte und moderne Kirchen, prächtig verzierte und ganz schlichte.
Sie stehen in Städten und Dörfern, auf Bergen und Inseln, in der Wüste und an der Autobahn.
Die Kirchen sind unterschiedlich eingerichtet, doch meistens findet man darin:
ein Kreuz – das erinnert an Jesus Christus;
ein Lesepult – daran wird aus der Bibel vorgelesen; einen Altar – darauf wird das Abendmahl oder die Kommunion gefeiert.

Wusstet du …

In manchen Ländern leben sehr viele Christen, dort spielt die Kirche eine wichtige Rolle im Alltag der Menschen. In anderen Ländern bilden die Christen eine Minderheit; dort gehören die meisten Leute einer anderen oder auch keiner Religion an.
In manchen Ländern wird die Kirche sogar verfolgt; dort benachteiligt man die Christen, unterdrückt sie oder sperrt sie sogar ins Gefängnis.

Wir Christen versammeln uns in der Kirche zum Gottesdienst: Wir singen und beten dort, hören Worte aus der Heiligen Schrift und die Predigt. Wir erfahren in den Sakramenten Gemeinschaft mit Christus. Wir freuen uns, andere Glaubende zu treffen.

Manchmal, wenn gerade kein Gottesdienst stattfindet, ist es in der Kirche ganz still.
Dann tut es gut, sich einfach einen Moment lang hinzusetzen, zu schweigen und bei Gott zu sein.
Für uns Christen ist die Kirche kein Museum, sondern ein Ort der Begegnung mit Gott und untereinander – ein Haus des Glaubens.

Wusstet du …

Kirchen können ganz klein sein, so dass nur ein paar Menschen hineinpassen. Sie können aber auch riesengroß sein. Zu den größten Kirchen der Welt zählt der Petersdom in Rom, er ist über 186 m lang und an der breitesten Stelle fast 100 m breit.

Wir Christen feiern unseren Glauben

Mach mit!

Überlege doch mal, ob du mit einem Zeichen für jemanden etwas ausdrücken könntest. Vielleicht pflückst du deiner Mama eine schöne Blume als Zeichen, wie sehr du sie magst? Oder du malst deinem Freund ein Bild von eurem letzten gemeinsamen Spiel, um ihm zu zeigen, wie sehr dir das gefallen hat. Solche Zeichen können die Stimmung verändern und viel Freude bringen.

Wir tun das mit den Zeichen des Glaubens, den Sakramenten. Zeichen können für sich sprechen – auch ohne Worte: Was die herausgestreckte Zunge bedeutet, wissen wir alle. Wer jemandem die offene Hand hinhält, sagt damit: Ich bin dir wohlgesonnen, reiche mir deine Hand! Und wer einem eine Blume mitbringt, drückt aus: Ich mag dich gern ...
Die Zeichen des Glaubens wollen mit allen Sinnen erfahrbar machen:
Gott will uns Menschen Gutes tun; er möchte unser ganzes Leben lang bei uns sein und uns begleiten.
Einfache Dinge werden zu Zeichen der Größe Gottes:
Wasser und Öl, Brot und Wein, Licht und Farben.

Einfache Gesten sprechen von Gott: das Kreuzzeichen, die aufgelegte Hand. Einfache Gebete sprechen es aus: Gott will bei den Menschen sein. Wir feiern die Sakramente und geben Gott in unserem Leben einen Platz, erinnern uns daran, dass Gott die Mitte unseres Lebens ist.

Manche Sakramente können wir häufig empfangen, andere nur einmal, wie wir auch nur einmal geboren wurden und nur einmal sterben werden.

Jesus Christus selbst hat uns die Sakramente als Zusagen Gottes geschenkt. Katholische und evangelische Christen haben unterschiedliche Vorstellungen von der Anzahl der Sakramente, aber sie sind sich einig: Gott ist ihnen nahe in den Zeichen des Glaubens.

Text: Friedrich Karl Barth; Musik: Peter Janssens aus: Unkraut Leben, 1977, alle Rechte im Peter Janssens Musik Verlag, Telgte/Westfalen

Die Sakramente

Die Sakramente begleiten das Leben des glaubenden Menschen. An wichtigen Stationen drücken sie die Nähe Gottes auf besondere Weise aus. Jedes Sakrament hat eine besondere Bedeutung.

- *Taufe:* Ein Mensch wird Kind Gottes.
- *Beichte:* Gott schenkt einen neuen Anfang.
- *Eucharistie/Abendmahl:* Wir sitzen mit Gott am Tisch.
- *Firmung/Konfirmation:* Gottes Geist macht uns lebendig.
- *Ehe:* Ein Paar ist unterwegs mit Gott.
- *Weihe/Ordination:* Segen für jene, die weitersagen, dass Gott lebt.
- Krankensalbung/Krankensegen: Gott will unser Heil.

Das wichtigste Sakrament ist Jesus Christus selbst: In ihm erkennen wir, wer Gott ist und was er will.

Wusstet du …

… was das weiße Kleid bedeutet? Der Täufling bekommt es bei der Taufe angezogen, die Mädchen tragen es bei der Erstkommunion, die Braut bei der Hochzeit, der Priester trägt eine weiße Albe, eine Art Unterkleid unter seinem Gewand. Es ist ein Zeichen für das neue Leben mit Gott, für Neubeginn und Reinheit.

Wusstest du …

Heute werden die meisten Christen als Säuglinge oder als kleine Kinder getauft. Aber das war nicht immer so. In den ersten Jahrhunderten kannte man nur die Taufe von Erwachsenen. Nach einer langen Zeit der Vorbereitung wurden sie schließlich durch die Taufe in die Gemeinde aufgenommen. Dabei wurde auch nicht nur ihr Kopf mit Wasser übergossen, sondern man tauchte sie einmal ganz unter.

Wir Christen feiern Feste

Mach mit!

Kennst du Feste anderer Religionen? Feiert ihr sie im Kindergarten oder in der Schule? Frag doch mal nach bei Kindern anderer Glaubensgemeinschaften, sicher erzählen sie gern von ihren Festen: vom Zuckerfest , vom Opferfest oder vom Versöhnungsfest.

Wir unterteilen das Jahr nach dem Lauf der Natur, vor allem aber nach dem Lebenslauf von Jesus Christus.
Seine Geburt, sein Tod und seine Auferstehung werden jedes Jahr als Feste gefeiert.
Das Kirchenjahr beginnt nicht am 1. Januar, sondern mit dem ersten Advent.
In den Wochen der Adventszeit bereiten wir uns auf Christi Geburt vor, auf Weihnachten.
Am Fest der Erscheinung des Herrn freuen wir uns, dass Gott für alle Menschen der Erde da ist; das zeigen die Heiligen Drei Könige an der Krippe.
Mit dem Aschermittwoch beginnt die Fastenzeit.
Sie führt uns zur Karwoche:
Am Palmsonntag begleiten wir Jesus, der nach Jerusalem einzieht.
Am Gründonnerstag feiern wir mit ihm das Letzte Abendmahl.
Am Karfreitag stehen wir unter dem Kreuz, an dem er sterben muss.
Das höchste Fest der Christen ist Ostern: Jesus ist auferstanden vom Tod.
Uns allen hat er damit neues Leben bei Gott geschenkt.
Das feiern wir jede Woche, wenn wir uns am Sonntag zum Gottesdienst versammeln.

Den Geburtstag der Kirche feiern wir an Pfingsten: Aus Einzelnen wird das Volk Gottes, aus Ängstlichen wird eine Gemeinschaft, die mutig in dieser Welt Gott bekennt. Der Heilige Geist kommt über alle Glaubenden.

So können wir während eines Jahres alle Stationen aus dem Leben Jesu miterleben. Wir schmücken unsere Wohnungen und feiern Gottesdienste. In den Festen werden die Ereignisse aus der Vergangenheit in die Gegenwart geholt. Was vor 2 000 Jahren geschah, wird in unserem Hier und Heute lebendig. Gott ist mitten unter uns!

Lies nach!

Im Alten Testament, im Buch Exodus, Kapitel 20 wird erzählt, wie Mose die Zehn Gebote erhalten hat. Auf dem Berg Sinai hat Gott zu ihm gesprochen. Mose hat die Gebote den Menschen weitergegeben.

Die Zehn Gebote auf Hebräisch

Wir Christen wollen, dass es allen gut geht

Wir lassen uns nicht gern sagen, was wir tun und lassen sollen.

Und doch wissen wir:
Unser Zusammenleben braucht Spielregeln.
Das bedeutet: Es kann nicht jeder tun, was er will.
Die wichtigsten Regeln hat uns Gott selbst gegeben – in den Zehn Geboten.

Wir sollen uns nicht vom Glauben an Gott abbringen lassen, den Sonntag heilig halten und die Eltern ehren, nicht morden, nicht die Ehe brechen und nicht stehlen, nicht lügen und nichts begehren, was uns nicht gehört.

Wenn wir uns daran halten,
dann leben wir in Frieden mit Gott
und in Frieden untereinander.

Das Wichtigste: die Liebe!

Lies nach!

Die Bergpredigt ist ein langer, aber ein sehr schöner Text. Du findest ihn im Matthäus-evangelium in den Kapiteln 5 bis 7.

Jesus erinnert uns an das höchste aller Gebote:
„Du sollst Gott lieben mit Herz und Seele –
und du sollst deinen Nächsten lieben wie dich selbst."
Der „Nächste" – das sind unsere Familien, die Freunde, die Schulklasse, die Arbeitskollegen, die Menschen in Not, irgendwo auf der Welt.

Christen setzen sich für andere ein.
Es genügt ihnen nicht, wenn sie selbst zufrieden sind. Allen soll es gut gehen.
Christen sind hilfsbereit und stiften Versöhnung.
Wir wollen, dass alle Menschen in Freiheit und Gerechtigkeit leben können, versorgt mit allem, was man zum Leben braucht.

Und wir Christen spüren auch:
Wir dürfen uns selbst lieben, weil Gott uns liebt und Ja zu uns sagt.

In einer langen Rede, der Bergpredigt, hat Jesus den Menschen damals und uns heute wichtige Dinge über ein gutes Leben gesagt.
Wenn wir so leben, wie Jesus es gesagt hat, dann wird die Welt für uns und um uns herum heller und schöner.

Lies nach!

Jesus wird einmal gefragt, welches das wichtigste Gebot sei. Um zu erklären, was es heißt, „Du sollst deinen Nächsten lieben wie dich selbst", erzählt Jesus dann das Gleichnis vom barmherzigen Samariter. Du findest es im Lukasevangelium, Kapitel 10.

Wir Christen haben eine Geschichte

So wie das Christentum heute ist, war es nicht schon immer.
Und so wie es heute ist, wird es auch nicht immer bleiben. Am Anfang war unsere Religion nur eine ganz kleine Gruppe.
Im Laufe von 2 000 Jahren breitete sich die christliche Kirche über die ganze Welt aus.
Christen haben überall ihren Glauben verkündet und Kirchen gebaut; sie haben Menschen geholfen und ihnen das Leben erleichtert.
Christen haben aber auch Fehler begangen, sie haben Kriege geführt; sie haben Menschen mit einem anderen Glauben unterdrückt und umgebracht.
In Europa haben sich in den letzten 200 Jahren viele Leute vom christlichen Glauben abgewendet.
Sie halten Religion für überflüssig.
Wir Christen müssen überlegen, wie wir unseren Glauben so leben können, damit deutlich wird, worauf wir vertrauen:
dass Gott diese Welt liebt und sie nicht im Stich lässt – auch wenn wir Gott nicht wirklich begreifen können.

Wusstet du …

Zu allen Zeiten gab es Menschen, die auf besondere Weise die Liebe Gottes in die Welt gebracht haben. Viele solcher Menschen sind sehr bekannt, etwa der heilige Franziskus oder Mutter Teresa. Andere wirken im Kleinen ganz unauffällig, auch heute. Und jeder von uns kann sich immer wieder vornehmen zu leben, wie es Jesus uns gezeigt und gesagt hat.

Die Welt ändert sich jeden Tag

Niemand kann so tun, als bliebe alles beim Alten.
Auch wir Christen sind unterwegs.
Unser Weg führt durch dieses Leben hin zu Gott.
Wir suchen den richtigen Weg durchs Leben.
Wir haben keine Angst, denn Jesus Christus selbst hat uns versprochen, immer bei uns zu sein. Er sagt: „Und das sollt ihr wissen:
Ich bin immer bei euch, jeden Tag, bis zum Ende der Welt.

Hinweise für Eltern, Erzieher und Katecheten

Das Christliche hat in den letzten Jahrzehnten in der Gesellschaft, in der Politik, aber auch im Leben der Familien immer mehr an Präsenz verloren. Sich zum christlichen Glauben zu bekennen und ihn zu leben, ist heute nicht mehr weit verbreitet. Auch christliche Symbole verschwinden zunehmend aus der Öffentlichkeit.

Das vorliegende Buch möchte die ganz grundlegenden Inhalte und Fundamente des christlichen Glaubens vermitteln. Denn was das Christentum, was die Christen zu sagen haben, ist heute für jeden einzelnen Menschen nicht weniger bedeutend und aktuell als vor 2 000 Jahren. Weil wir heute in einer bunt durchmischten Gesellschaft leben mit einer Fülle an Weltanschauungen, Religionen und Lebensformen, ist es sicher besonders wichtig, die Grundlagen des eigenen Glaubens zu kennen. Von ihnen ausgehend kann man sich aufmachen, um das Wertvolle des eigenen Glaubens (wieder) zu entdecken. Wichtig sind dabei vor allem Erfahrungen und Erlebnisse. Denn beeindruckender als jedes Buch sein kann, sind Begegnungen mit Menschen, die ihr Leben aus dem Glauben leben, die aus ihrer lebendigen Beziehung mit Gott Kraft und Zuversicht schöpfen.

Dieses Buch ist bewusst ökumenisch ausgerichtet, d. h. es beschreibt den Glauben aller christlichen Konfessionen. Sicherlich gibt es innerhalb der verschiedenen Ausrichtungen Unterschiede, aber in der Gesamtschau gibt es mehr Gemeinsames als Trennendes. Die Orientierung an Jesus und seiner Frohen Botschaft steht im Mittelpunkt.

Sich mit Kindern dem Thema nähern

Auf vielen Seiten des Buches finden sich Ideen zum Mitmachen. Wenn Sie das Thema mit der ganzen Familie oder mit einer Kindergruppe vertiefen wollen, bieten sich darüber hinaus diese Impulse an:

- Wenn den Kindern der christliche Glaube zwar bekannt ist, sie aber nicht tief darin verwurzelt sind, lohnt sich einmal eine Spurensuche: An welchen Punkten in meinem Leben habe ich christliche Feste gefeiert? Was war daran das Besondere? Was weiß ich vom christlichen Glauben? Dazu könnten die Kinder gemeinsam an einem großen Bild/einer Collage arbeiten.

- Glauben heißt eine Beziehung zu Gott haben. Diese Beziehung lebt u. a. durch das Gebet. Üben Sie mit den Kindern das Vaterunser ein, das Gebet, das Jesus selbst seinen Jüngern beigebracht hat.

- Der Glaube an Jesus Christus bedeutet eine Aufgabe für uns: Wir sollen versuchen, so zu leben, wie er es uns vorgelebt hat. Die Gebote, vor allem das Liebesgebot, sind dabei die wichtigste Richtschnur (vgl. S. 24–27). Überlegen Sie mit den Kindern, was sich in ihrem Leben, im Zusammenleben in der Familie oder mit Freunden ändern könnte, wenn sie diese Gebote befolgen.

Fotonachweis
S. 12: © Alexandra – stock.adobe.com; S. 17: © Pierre Bonnel – stock.adobe.com

Bibliografische Information der Deutschen Nationalbibliothek
Die Deutsche Nationalbibliothek verzeichnet diese Publikation in der Deutschen Nationalbibliografie; detaillierte bibliografische Daten sind im Internet über http://dnb.d-nb.de abrufbar.

ISBN 978-3-7666-3049-0

Den Kindern erzählt/erklärt 49

2. Auflage 2022 der überarbeiteten Neuausgabe 2021

Umschlagillustration: Sven Leberer
Umschlaggestaltung: Amrei & Kai Serfling, Leipzig
Satz: Werner Dennesen, Weeze